...E DI UNA DORMITA

QUESTA

PROFESSORESSA

HA BISOGNO DI UN

FOTTUTISSIMO

DRINK

UN LIBRO DA COLORARE PER ADULTI CON PAROLACCE

Vuoi ricevere degli omaggi?
Mandaci un'email a: freebies@honeybadgercoloring.com

@honeybadgercoloring

Honey Badger Coloring

Acquista gli altri nostri libri su
www.honeybadgercoloring.com/it

Distribuzione tramite Ingram Content Group
www.ingramcontent.com/publishers/distribution/wholesale

Domande e Servizio Clienti
Mandaci un'email a:
support@honeybadgercoloring.com

PROFESSORESSA.
PSICOLOGA.
INFERMIERA.
LEGENDA.

HO' UN CUORE GRANDE, MA NON HAI IDEA DI COSA, PUÒ USCIRE DA QUESTA BOCCA,

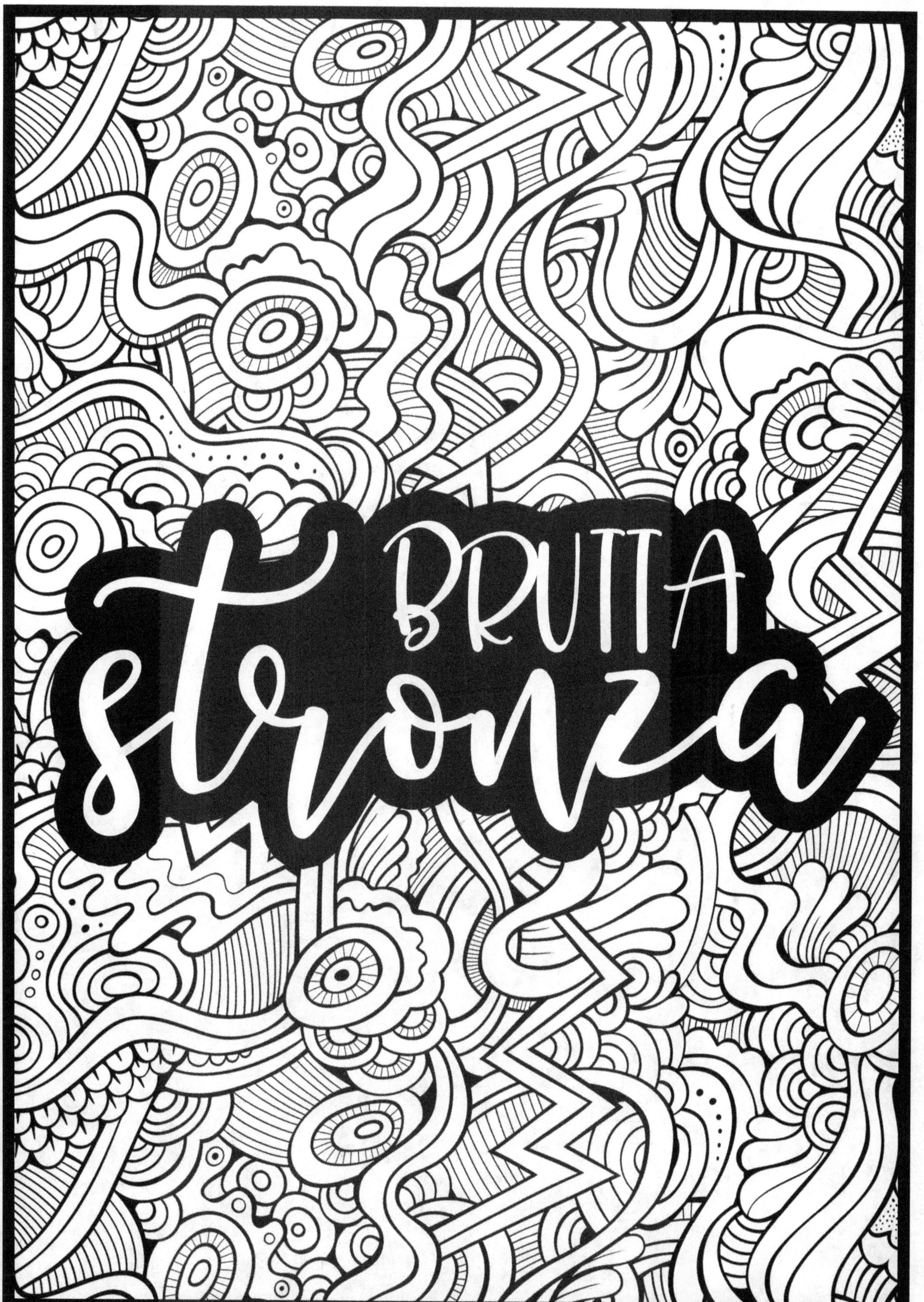
BRUTTA
stronza

TIRATI SU
E BUTTA TUTTO
nel secchio
del
"CHISSENEFREGA"

Una professoressa saggia una volta disse:

LASCIA PERDERE QUELLA MERDA!

E visse per sempre felice e contenta

IO SOFFRO DI "RESTING BITCH FACE"

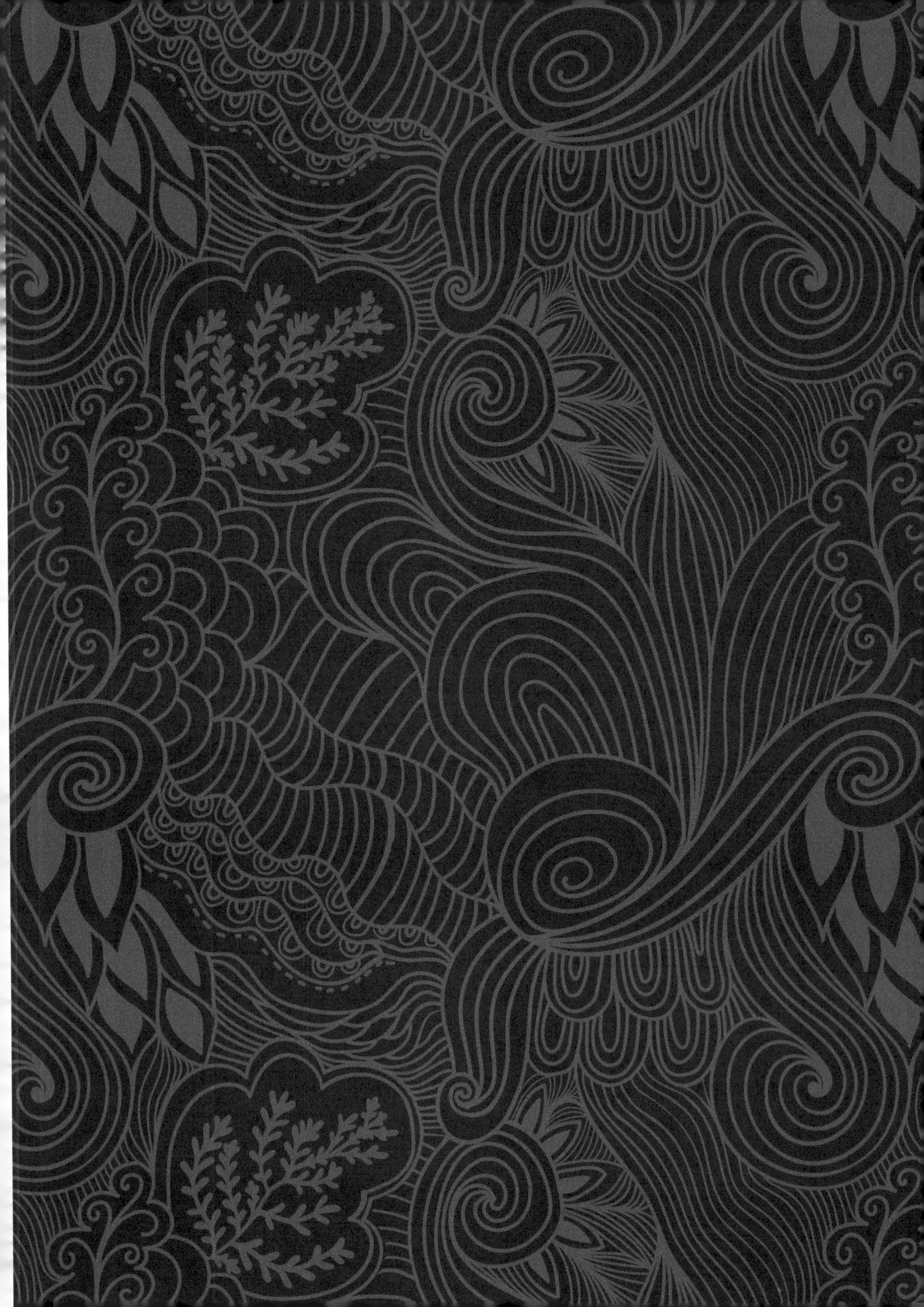

Io AMO♥ I MIEI studenti DEL CAZZO

Io sono un cazzo di unicorno, stronza

HAKUNA MATATA FIGLIE DI PUTTANA!

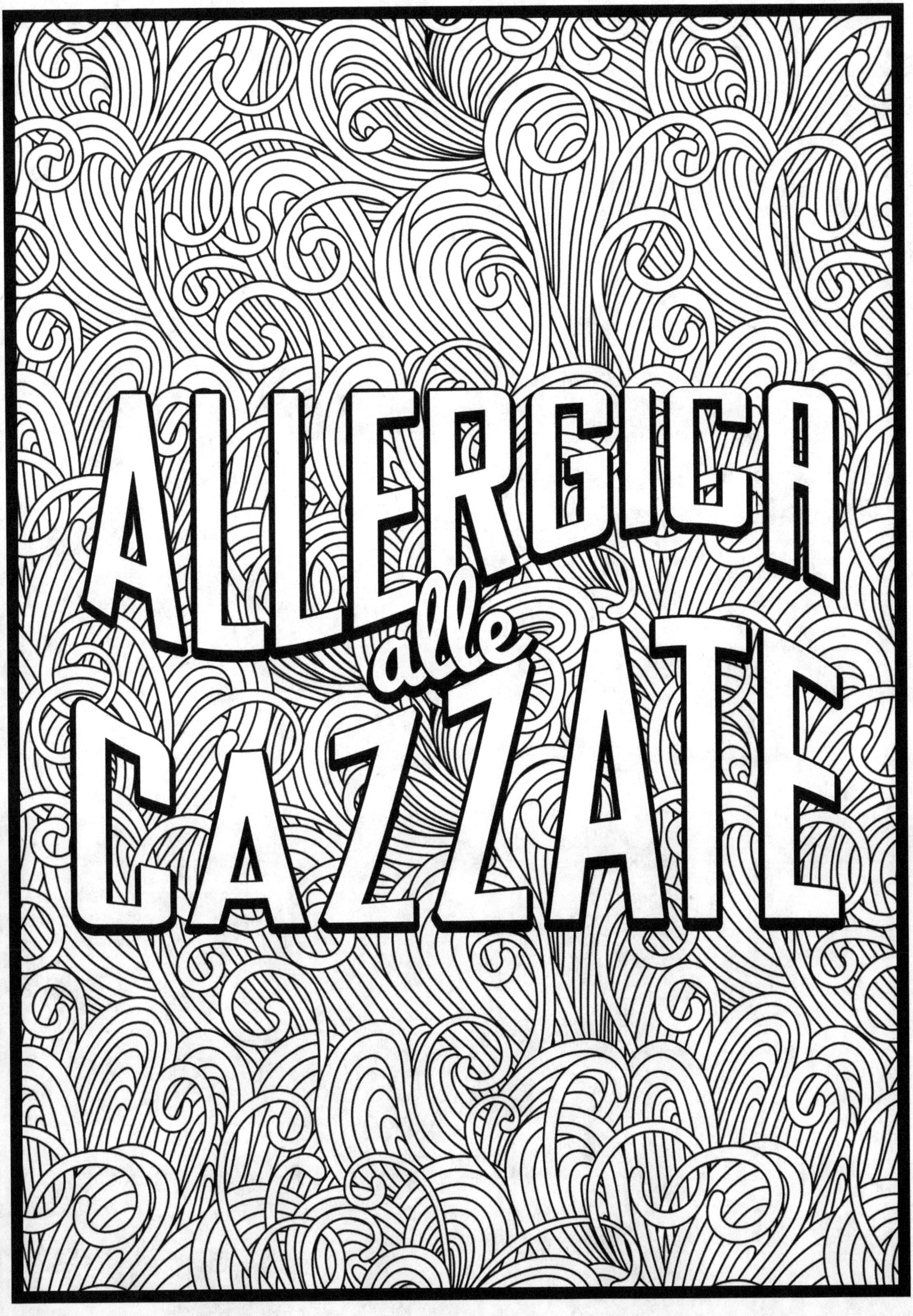
ALLERGICA
alle
CAZZATE

PROFESSORESSA CAZZUTA

SONO UN CAZZO di fiore DELICATO

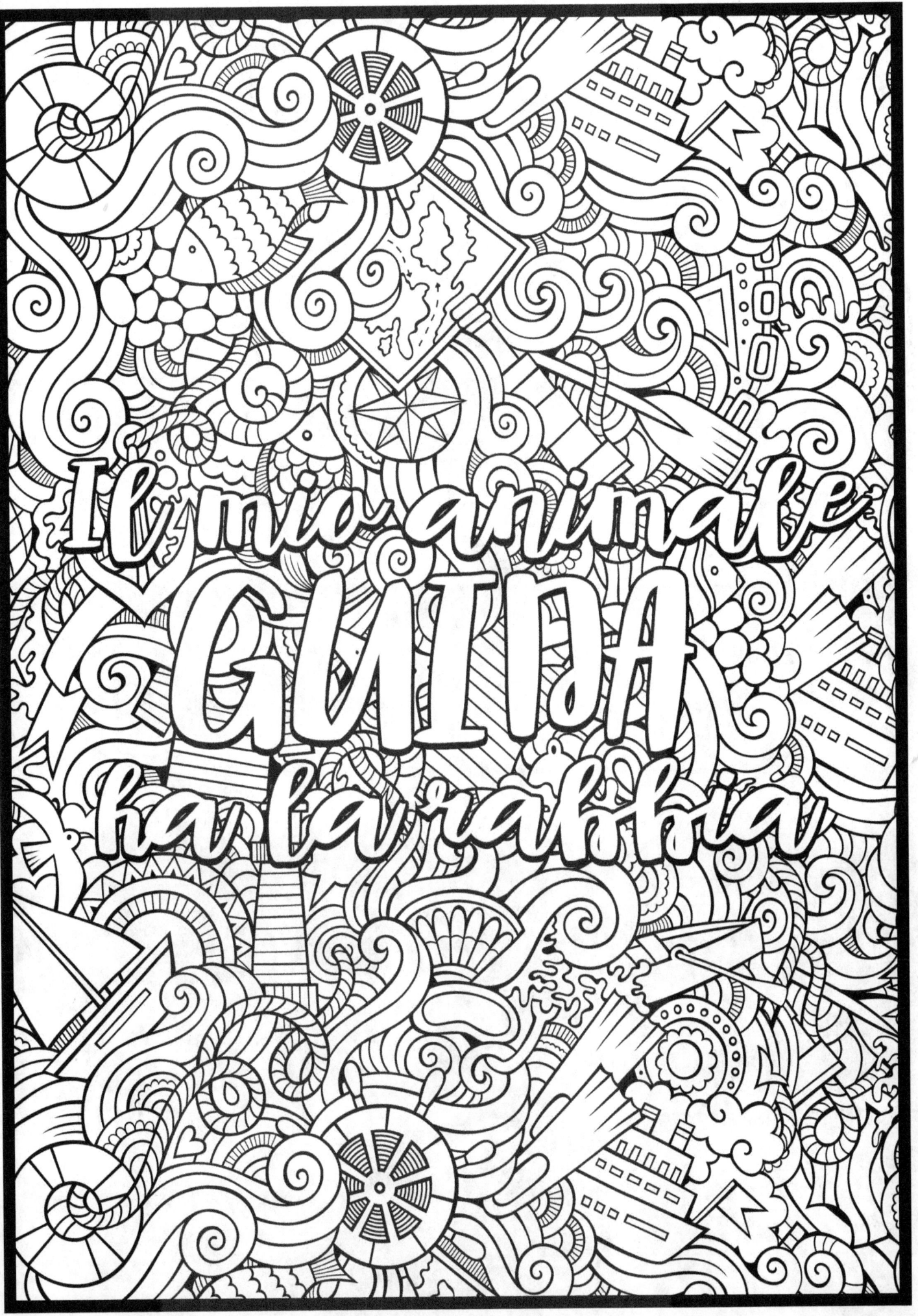

Il mio animale GUIDA ha la rabbia

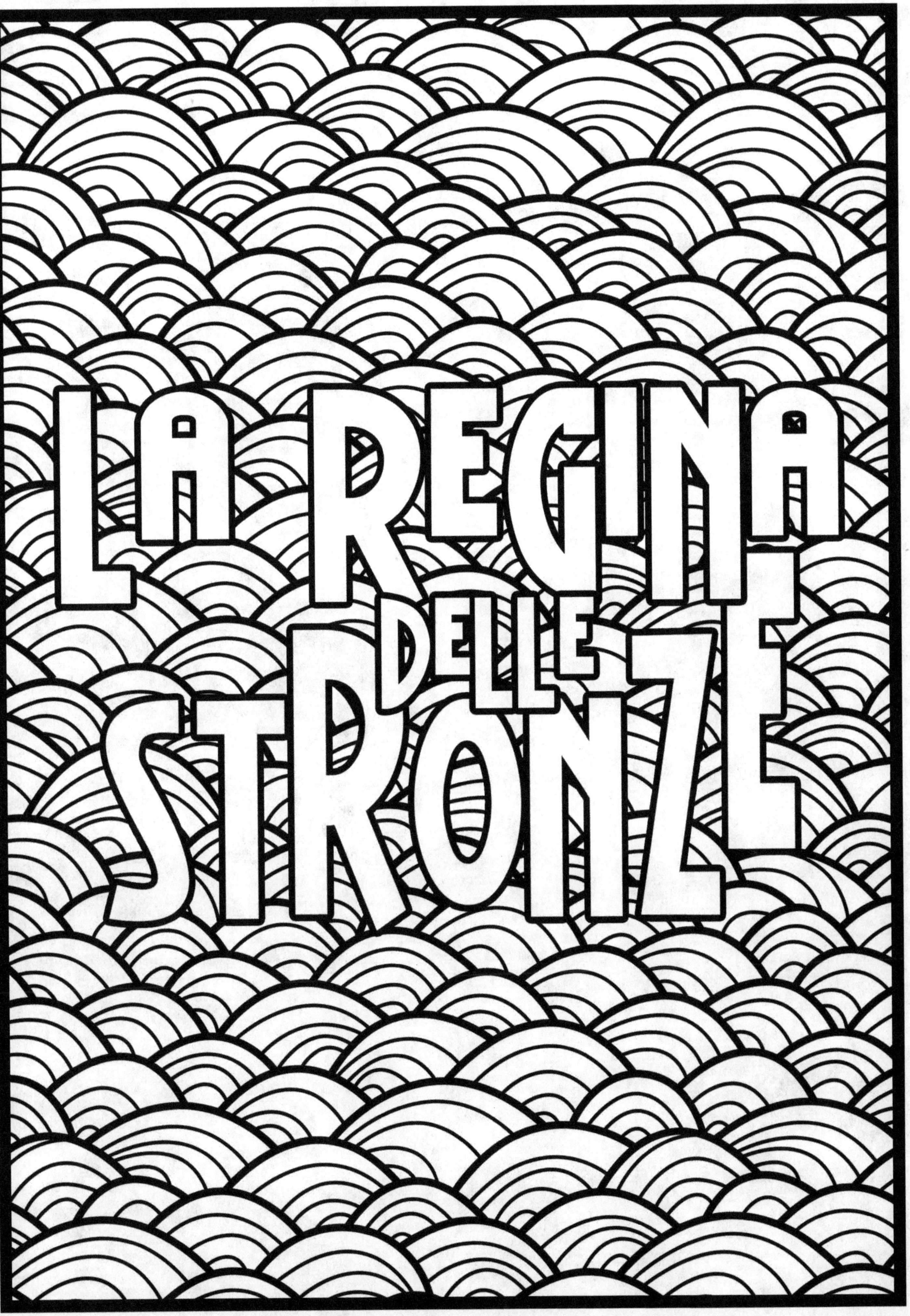
LA REGINA
DELLE
STRONZE

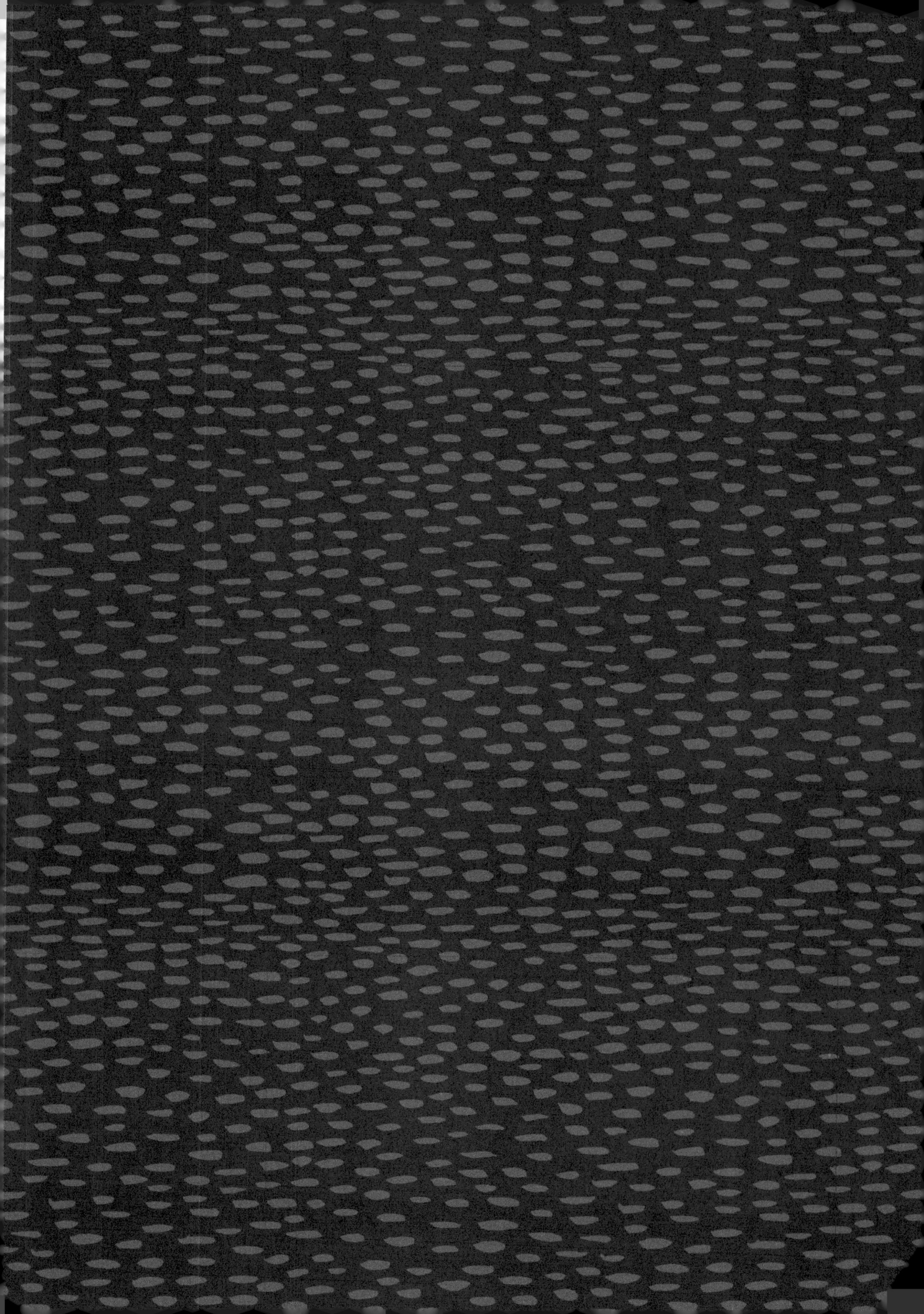

I miei colleghi sono i PEGGIORI

GENTILEZZA.

Spargi un po' di quella

MERDA

DAPPERTUTTO

Sono tutta
PEACE AND LOVE
e un po'
"VAI A FARTI FOTTERE"

E questo COSA CAZZO SIGNIFICA?

Ho finito i vaffanculo

E questo COSA CAZZO SIGNIFICA?

LO SAI CHE 2-3 SHOTTINI DI Vodka RIDUCONO IL RISCHIO CHE TE NE FOTTA QUALCOSA?

FAMMI CONTROLLARE IL CAZZO CHE ME NE FREGA

La merda succede

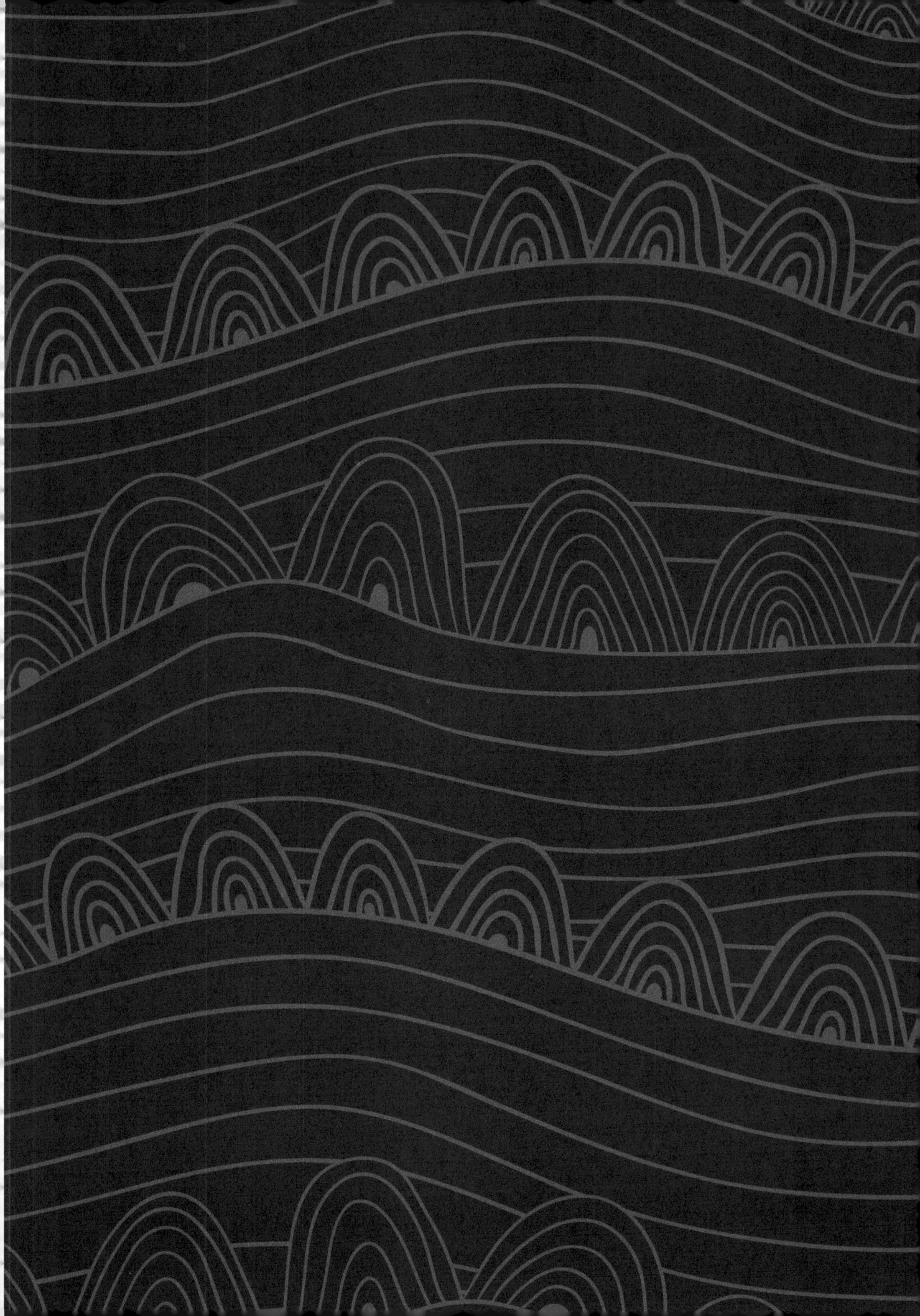

Sono arrivata AD UN PUNTO NELLA MIA VITA IN CUI HO BISOGNO DI UNA PAROLA più forte di "CAZZO"

E IN QUEL GIORNO NON FU PRONUNCIATO NEMMENO UN "CAZZO"

Guarda E PASSA avanti

SONO VOLGARE perché CI TENGO

COL CAZZO

L'ESAURIMENTO DELLE PAROLACCE CONTA COME ALLENAMENTO?

Che cazzo fai?

Sono un fottuto raggio di sole

IL SUONO

Mi piace

che fai quando

CHIUDI QUELLA

cazzo

DI BOCCA

Le professoresse sono le uniche persone così stupide da perdere il sonno pensando ai figli degli altri

...E POI GLI HO DETTO «NON VI PREOCCUPATE RAGAZZI, LA VERIFICA È FACILE!»

SE SIAMO CIÒ
che mangiamo allora
UN SACCO DI PERSONE
lì fuori mangiano
LA MERDA

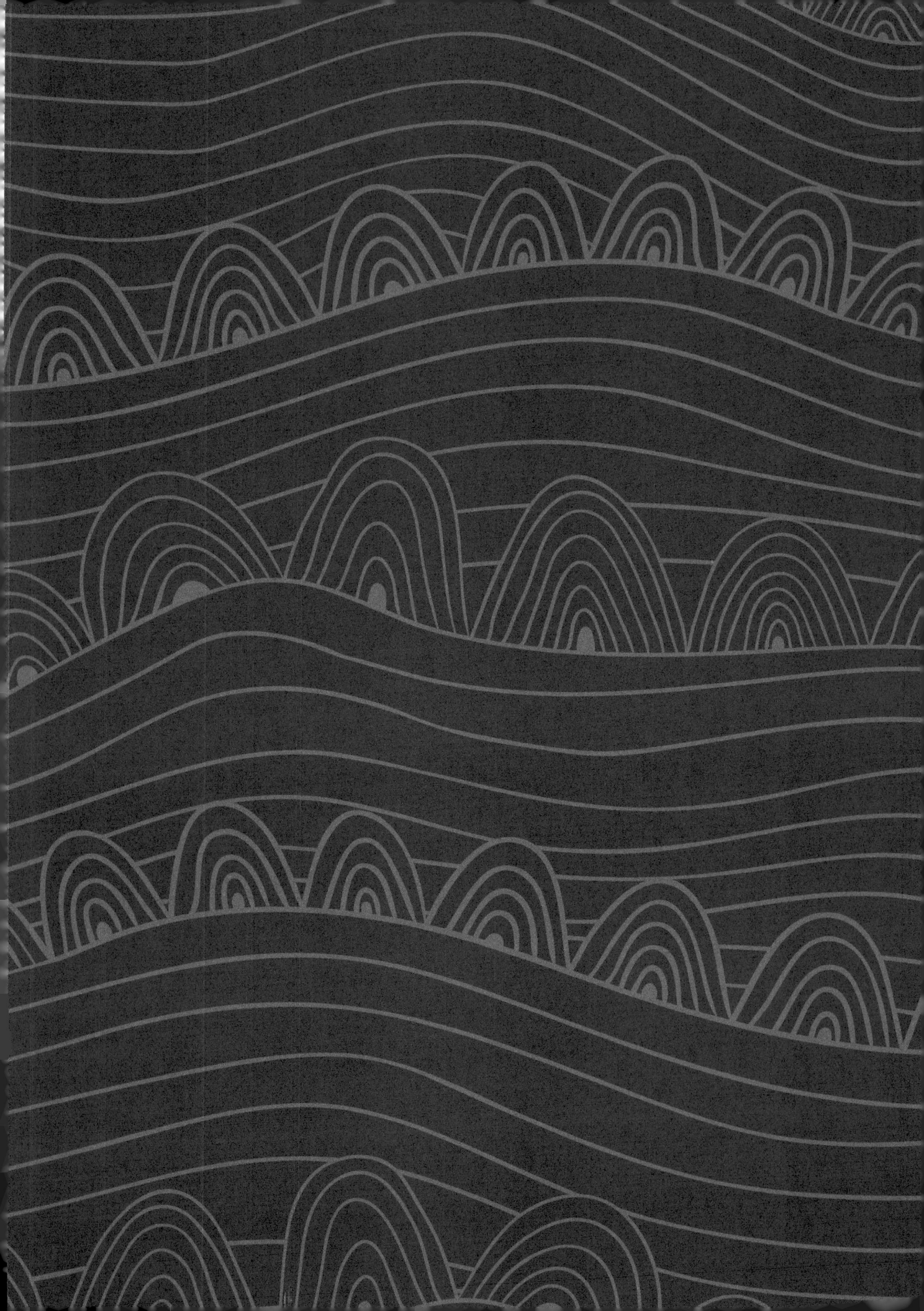

SUSSURRO "CHE CAZZO" ALMENO 10 VOLTE ALL'ORA

HO PROVATO A SMETTERE
di dire parolacce
MA NON
ce la posso fare

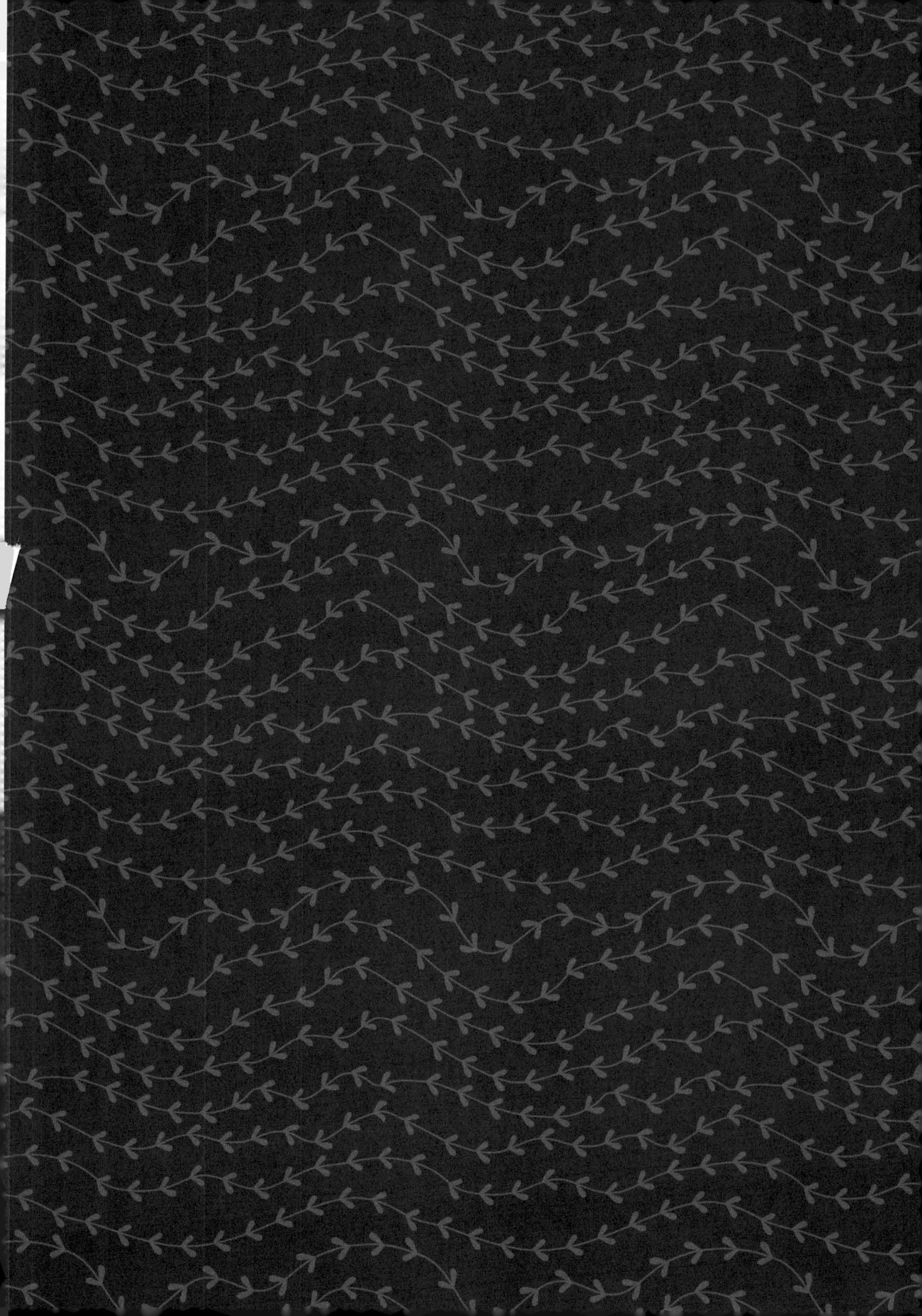

A CAUSA di sfortunate CIRCOSTANZE, sono sveglia

CARI COLLEGHI...
E SE VI DICESSI CHE LEGGERE *il paragrafo* non equivale *a spiegare* ?

NON SIAMO TUTTI
DEI FOTTUTISSIMI
raggi di
SOLE?

È UN PECCATO AVERE UN LAVORO

CHE TI SUCCHIA LA VITA

MA CHE NON TI SUCCHIA VIA ANCHE IL GRASSO DAL CULO

AMMETTERE CHE SEI UNA TESTA DI CAZZO È IL PRIMO PASSO

IL PROSSIMO GIRO
di martini
LO OFFRO IO

IL MONDO NON È PIENO DI STRONZE, SONO POSIZIONATE STRATEGICAMENTE IN MODO DA FARTENE INCONTRARE UNA OGNI GIORNO

Sono una BRAVA PERSONA. Basta NON PREMERE il pulsante della mia STRONZAGGINE

NON HO PROBLEMI
con la caffeina.
HO UN PROBLEMA
senza la caffeina

Il mio cervello HA BISOGNO di ferie

CALMATI, CAZZO

SEMBRA SIA ARRIVATA L'ORA DI CONCLUDERE *questa giornata* DEL **CAZZO**

MI DISPIACE TANTO. Ho finito tutte LE PAROLACCE per oggi

Calma i bollenti spiriti

Non ho TEMPO per queste CAZZATE

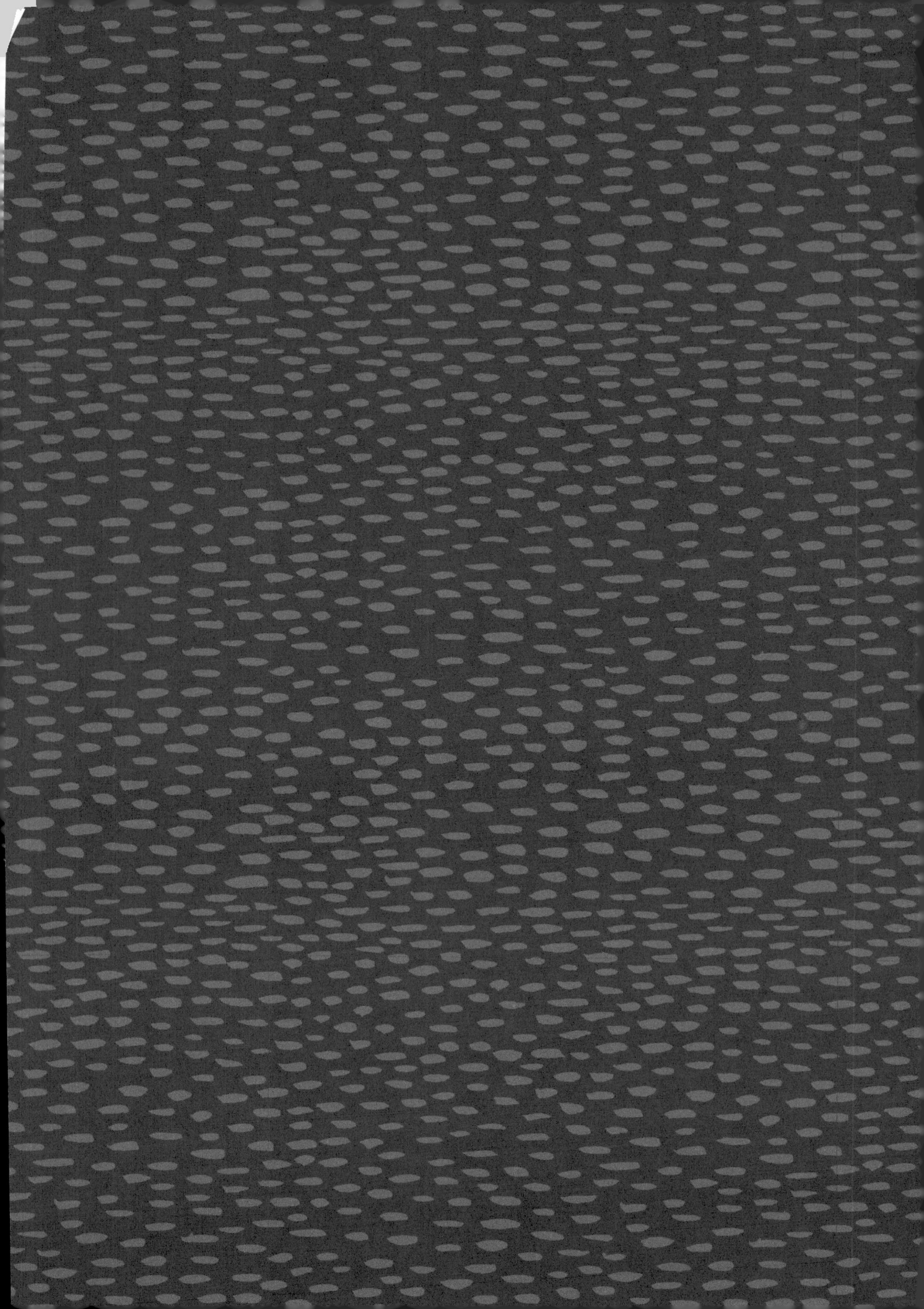

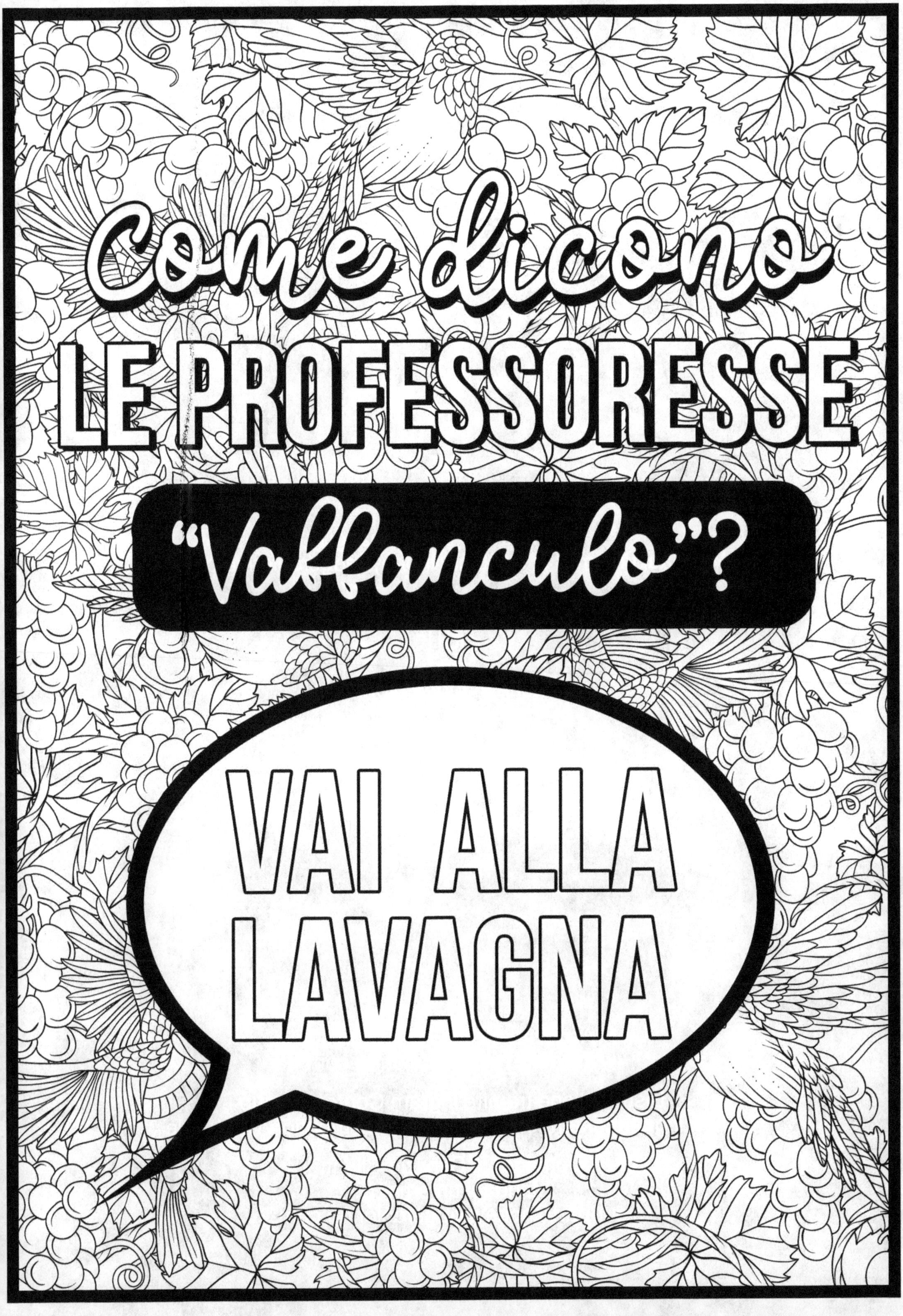
Come dicono
LE PROFESSORESSE
“Vaffanculo”?
VAI ALLA LAVAGNA

www.ingramcontent.com/pod-product-compliance
Lightning Source LLC
Chambersburg PA
CBHW080217040426

42331CB00036B/3228